Milet Publishing
Smallfields Cottage, Cox Green
Rudgwick, Horsham, West Sussex
RH12 3DE England
info@milet.com
www.milet.com
www.milet.co.uk

First English–Polish edition published by Milet Publishing in 2013

ISBN 978 1 84059 844 5

Original Turkish text written by Erdem Seçmen
Translated to English by Alvin Parmar and adapted by Milet

Illustrated by Chris Dittopoulos
Designed by Christangelos Seferiadis

Printed and bound in Turkey by Ertem Matbaası

My Bilingual Book

# Touch
# Zmysł dotyku

English–Polish

**How do you know what's smooth or rough?**

Jak gładkie od szorstkiego odróżniamy?

**Your hands are your sensors, they're sensitive and tough!**

Wszystko to naszymi dłońmi wyczuwamy!

**If you play without gloves in the snow,**

Gdy bez rękawiczek w śniegu bawisz się,

**your hands will get cold, you know!**

Twoje dłonie na pewno zmarzną i będą sztywne!

**Teddy bear feels soft and furry.**

Pluszowy miś jest miękki i miły.

**Play-dough feels nicely squishy!**

Kulki z plasteliny będą dobrze się lepiły.

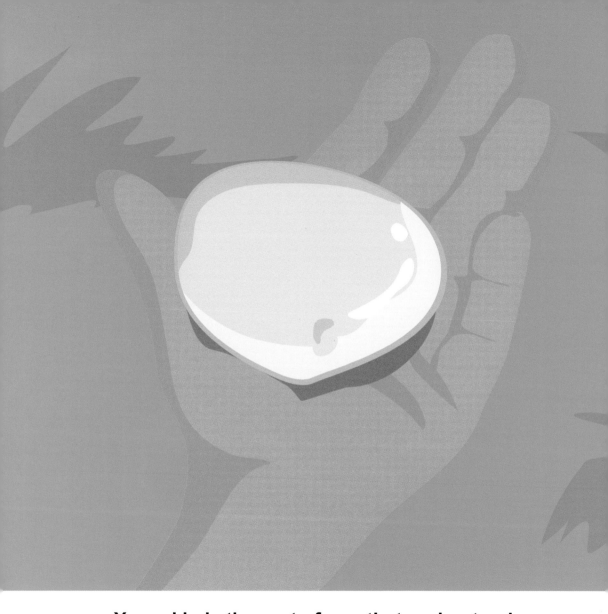

**Your skin is the part of you that understands**

Skóra pozwala nam określić bez lęku,

**how different things feel in your hands.**

jak różne są przedmioty trzymane w ręku.

**The touch sense comes from nerves in your skin**

Gdy nerwy pod skórą dotyk poczują,

**that travel to your brain and say, message in!**

do naszego mózgu wiadomości przekazują.

**Your brain decides quickly what to do**

Mózg szybko podejmuje decyzje,

**and nerves send the message back to you!**

a nerwy odsyłają nam je z dużą precyzją.

**So when you touch something sharp,**

Zatem gdy chcesz dotknąć czegoś ostrego,

**your nerves tell you, stop!**

nerwy chronią przed tym, mówiąc: stop, kolego!

**Or they tell you to be gentle**

Udzielą nam także dobrych rad,

**when you touch a soft petal.**

by delikatnie trzymać subtelny kwiat.

**Touch helps you learn about nature and things.**

Dotyk to wielka wiedzy skarbnica

**It's really amazing, all the knowledge it brings!**

o naturze, podobieństwach i o różnicach!

**Your touch can also show you care,**

Dotykiem możesz też wyrazić, co czujesz,

**like hugging someone who is dear.**

kiedy bliską osobę czule obejmujesz.